YOUCAT 고해성사

YOUCAT

고해성사

내 삶을 업데이트해 주는 화해의 성사!

지은이
클라우스 디크 | 베른하르트 모이저
루돌프 게리히 | 안드레아스 쥐스

옮긴이
최용호

가톨릭출판사

© 2014 YOUCAT Foundation gemeinnützige GmbH.
Sole shareholder of the YOUCAT Foundation is the International Pontifical Relief Aid to the Church in Need (ACN) based in Königstein im Taunus, Germany.
All rights reserved. The use of the brand is carried out with the consent of the YOUCAT Foundation. YOUCAT® is an internationally protected brand name and logo. Filed under GM: 011929131
Design, layout, illustrations: Alexander von Lengerke, Cologne, Germany

'YOUCAT'이라는 책의 이름은 《YOUCAT》을 발행한 오스트리아 주교회의의 허가를 받아 사용함.

YOUCAT 고해성사

2014년 11월 4일 교회 인가
2015년 2월 18일 초판 1쇄 펴냄
2024년 5월 17일 초판 12쇄 펴냄

지은이 · 클라우스 디크, 베른하르트 모이저, 루돌프 게리히, 안드레아스 쥐스
옮긴이 · 최용호
펴낸이 · 정순택
펴낸곳 · 가톨릭출판사
편집 겸 인쇄인 · 김대영
편집 · 김소정, 강서윤, 박다솜
디자인 · 송현철, 강해인, 이경숙, 정호진
마케팅 · 안효진, 황희진

본사 · 서울특별시 중구 중림로 27
등록 · 1958. 1. 16. 제2-314호
전자우편 · edit@catholicbook.kr
전화 · 1544-1886(대표 번호)
지로번호 · 3000997

ISBN 978-89-321-1393-7 03230

값 8,000원

성경 · 교회 문헌 © 한국천주교중앙협의회

이 책의 한국어 출판권은 (재)천주교서울대교구 가톨릭출판사에 있습니다.
저작권법에 의해 한국 내에서 보호를 받는 저작물이므로 무단 전재와 무단 복제를 금합니다.

가톨릭의 모든 도서와 성물을 '가톨릭출판사 인터넷쇼핑몰'에서 만나 보실 수 있습니다.
http://www.catholicbook.kr | (02)6365-1888(구입 문의)

차례

머리말 새롭게 시작하세요!   6

1. **고해성사가 부담스러운가요?**
   고해성사 바로 알기   9

2. **고해성사, 어렵지 않아요!**
   고해성사와 가까워지기   23

3. **죄가 아니라 사랑이에요!**
   고해성사 준비하기   31
   새로운 양심 성찰 목록   32

4. **이젠 고해성사 볼 거예요!**
   고해성사로 새로워지기   40
   고해성사의 순서   46
   고해성사를 도와주는 기도   56

부록 I 고해소에서 보는 것이 나을까요,
면담식으로 보는 것이 나을까요?   84

부록 II 고해성사에 관해 자세히 알고 싶은 이들을 위한 질문   89

이 책에 사용된 기호의 의미

 성인과 교부의 말씀, 유명인의 명언

 성경 인용문

 유용한 정보와 도움말

 《YOUCAT》 관련 항목

머리말
새롭게 시작하세요!

저는 열여섯 살이 될 때까지도 고해성사를 보고 나서 별다른 감흥이나 해방감을 느끼지 못했습니다. 하지만 열여섯 살 이후부터는 고해성사를 통해 많은 것을 느끼게 되었습니다. 어느덧 사제가 된 저는, 청년들에게 고해성사를 베풀며 하느님의 사랑과 자비에 담긴 아름다움을 전하고 있습니다. 그뿐만 아니라, 저 역시도 고해성사가 주는 기쁨을 끊임없이 체험하고 있습니다. 많은 청년들에게 고해성사를 베풀면서, 우리를 용서하시어 죄에서 해방시켜 주시고 상처를 낫게 해 주시며 새로운 삶을 선물해 주시는 하느님께 깊은 감동을 받는 것이지요.

저는 2005년에 열린 '세계 청년 대회'에 참석하기 전까지, 청년들이 여섯 시간에 걸쳐 기도하고 성가를 부르며 고해성사를 보는 모임에 참석하리라고는 생각하지도 못했습니다. 그러나 독일의 본Bonn에 사는 청년들은 바로 그런 모임을 원했고, '세계 청년 대회'와 여러 영성 모임에서 겪은 경험을 계속할 수 있기를 바랐지요.

오늘날 그 모임은 '나이트 피버Night Fever'라는 이름으로 널리 알려져 있으며, 여러 지역에서 열리고 있습니다. 모임이 열리는 날 저녁이면, 여덟에서 열 명 정도의 사제가 성당 마당과 같이 열린 공간에 모입니다. 그러고는 서로의 말이 잘 들리지 않을 정도로 충분한 거리를 두고 각자 흩어져 앉습니다. 그리고 나서 사제들이 자신 앞에 초를 켜고, '대화와 축복, 화해의 성사'라고 쓴 푯말을 세우면, 청년들이 푯말 앞으로 금세 줄을 섭니다.

청년들이 그곳으로 오는 이유는 무엇일까요? 그들은

고해성사를 통해 죄에서 해방되고 하느님과 화해하며 그분과 새로운 관계를 맺길 원하기 때문입니다. 저도 그들에게 고해성사를 주면서 그들이 기쁨을 얻는다는 것을 확실히 느낄 수 있습니다.

어느 날 모임이 끝난 후, 한 여성 참가자가 저를 찾아와, 어떤 사람이 고해성사를 본 후 홀가분한 얼굴로 나오는 것을 보았다고 말했습니다. 행복해 보이는 표정에서 커다란 마음의 짐을 내려놓은 것을 분명히 알 수 있었다면서 저에게 이렇게 말했습니다. "저도 그러고 싶어요."

그 참가자는 어떻게 고해성사를 봐야 하는지는 몰라도, 고해성사를 통해 어떤 경험을 하게 되는지는 알아차린 것이지요. 저는 여러분도 그러한 경험을 하게 되기를 진심으로 바랍니다.

"고해성사로 새롭게 시작하세요!"

'나이트 피버' 담당 사제
안드레아스 쥐스

1.
고해성사가 부담스러운가요?

고해성사 바로 알기

하느님과 어떻게 화해해야 할까요?

여러분이 가장 하기 싫은 일은 무엇인가요? 어떤 사람은 치과에 가는 일을 꼽을 것이고, 또 어떤 사람은 시험 보는 일을 꼽을 것입니다. 그런데 신자들에게 이런 질문을 하면, 많은 이들이 고해성사라고 대답합니다.

여러분도 잘 모르는 사람에게 자신의 잘못을 말하는 것이 정신 나간 일이라고 생각하지는 않나요?

물건을 훔친 일이나 다른 사람을 속이고 거짓말한 일, 평소에 미워하던 친구가 영원히 사라졌으면 좋겠다고 생각한 일, 음란물에 정신이 팔려 밤을 샌 일 등을 어떻게 신부님에게 말할 수 있을까요? 신부님이 자신을 어떻게 생각할지 걱정하다가 다시는 신부님 앞에 모습을 드러내지 않겠다고 마음먹을지도 모릅니다.

그런 생각이 드는 것도 이상한 일은 아니지요. 자신의 잘못을 고백하려면 엄청난 용기가 필요하기 때문입니다.

누구나 특정한 분야에서
뛰어난 사람이
되고 싶어 합니다.

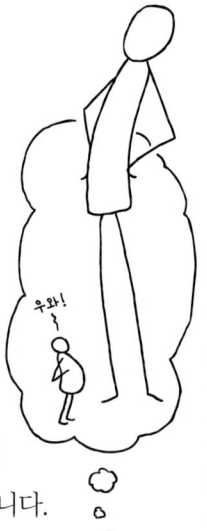

누구나 다른 사람들에게 인정받을 만큼 뛰어난 사람이 되고 싶어 합니다. 실제로 많은 이들이 특정한 분야에서 각자의 뛰어난 능력을 발휘하기도 합니다.

+ 어떤 사람은 수학 시험에서 늘 만점을 받습니다.
+ 또 어떤 사람은 뛰어난 운동선수입니다.
+ 추위에 떠는 친구를 위해 자신의 외투를 벗어 줄 만큼 속이 깊은 사람도 있습니다.

그러나 우리는 그런 사람도
잘못된 행동을 할 수 있다는 것을
잘 알고 있습니다.

자신이 저지른 잘못을 얼마 동안은 숨길 수 있을 것입니다. 그러나 오래 못 가서 잘못은 드러나게 되어 있습니다. 자신은 완벽하게 감췄다고 생각할지 몰라도 언젠가는 진실이 밝혀지기 마련입니다.

그러면 그 거짓말을 알아차린 사람들은 "넌 우리를 속였어!"라고 비난할 것입니다. 그동안 숨겨 온 잘못을 들켰을 때 우리는 큰 부끄러움을 느낍니다.

그럴 때 겁이 많은 사람은 변명하고 핑계를 대겠지만, 용기 있는 사람은 이렇게 말할 것입니다.

"그래, 맞아. 내가 그런 **말도 안 되는 짓**을 저질렀어. 미안해, 용서해 줘!"

이렇게 자신의 잘못을 고백하면 대부분은 상대방이 용서를 해 주지만, 때때로 상대방이 그 일로 인해 받은 불쾌감을 여전히 품고 있는 경우도 있습니다.

언젠가 저는 친구에게 "날 용서해 줬으면 좋겠어."라며 어렵게 용서를 구했던 적이 있습니다. 그런데 그 친구는 "그래, 용서해 줄게. 하지만 네 잘못을 잊지는 않을 거야."라고 대답했습니다. 아니, 그게 무슨 용서인가요?
그래서 저는 친구의 말에 재치 있게 대꾸했습니다.
"날 용서하지 않아도 좋으니까, 그저 그 일을 잊어 달라고!"

하느님,
제가 돌아왔어요!

 저는 며칠 전에 고해성사를 봤습니다. 그때 하느님께 이렇게 말씀드렸습니다.

 "하느님, 제가 돌아왔습니다. 저는 많은 잘못을 저질렀고, 당신을 외면했습니다. 제가 지은 죄와, 당신의 사랑을 저버린 저의 행동에 대해 되돌아보았고, 그로 인해 하느님께서 마음 아파하셨다는 것도 깨달았습니다. 하지만 하느님, 저를 불쌍히 여겨 주십시오. 오직 당신만이 저를 용서하실 수 있습니다."

하느님, 당신께 돌아온
저를 용서해 주세요!

저는 이제까지 고해성사를 수없이 봤습니다. 그리고 고해소에서 나올 때면 바다에서 수영할 때처럼 커다란 해방감을 맛보게 된다는 것도 잘 압니다. 그러나 이런 저 역시도 여전히 고해성사를 보기 위해서는 큰 결심을 해야 합니다.

+ 해방감은 영혼이 느끼는 평화입니다.
+ 평화에 감싸이면 기쁨에 겨워 춤추고 노래하게 됩니다.

고해성사를 본 사람 누구나 그런 기쁨을 느끼는 것은 아니지만, 저는 그러한 감정을 느꼈습니다.

제가 봤던 특별한 고해성사가 떠오릅니다. 어느 날 신

부님에게 저의 죄를 고백했을 때 신부님은 저에게 힘이 되는 말씀을 해 주셨습니다. 저는 갑자기 가슴이 벅차오르는 기쁨을 느꼈고, 신부님을 껴안을 뻔했습니다. 그 말씀은 이렇습니다.

"제가 예수님의 이름으로 형제님의 죄를 용서하면, 형제님은 새로운 삶을 시작하는 것입니다. 삶이 다시 시작된다고 생각해 보세요. 그리고 형제님이 알아야 할 사실이 한 가지 더 있습니다.

사랑이신 하느님은
형제님의 죄를 용서하실 뿐만 아니라,
그 죄를 더 이상 기억하지 않으십니다."

하느님은 어떤 분이실까요?
한마디로 말하자면, 놀라운 분이십니다!

저는 종종 이런 생각을 합니다. "하느님, 제가 특별히 잘한 일도 없는데 어째서 저에게 이토록 큰 관심을 보이십니까? 저를 잘 아시잖아요? 저는 당신께 좋은 모습을 보여 드린 적이 별로 없는걸요."

그러나 하느님은 저의 부족한 점을 전혀 개의치 않아 하시는 것 같습니다. 그분의 사랑에는 흔들림이 없습니다.

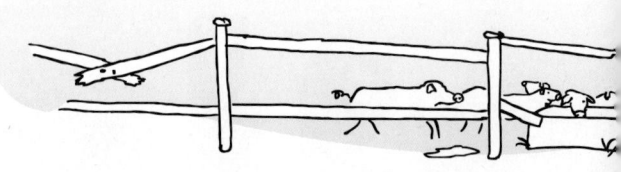

우리는 이 흔들림 없는 사랑에 어떤 영향을 받을까요?

바로 루카 복음서에 나오는 '되찾은 아들'의 비유처럼 그분의 흔들림 없는 사랑 덕분에 우리는 하느님께 돌아올 수 있습니다(루카 15,11-32 참조). 하늘에 계신 아버지 하느님께서 두 팔을 벌리시고 환한 미소로 우리를 반겨 주신다는 사실이 실감 나지 않을 수도 있습니다. 그래서 우리도 '되찾은 아들'처럼 이렇게 말씀드릴 수 있습니다. "아버지, 제가 하늘과 아버지께 죄를 지었습니다. 저는 아버지의 아들이라고 불릴 자격이 없습니다."(루카 15,21)

아무리 뉘우쳐도 여전히 죄인인 우리를 하느님께서 반갑게 맞아 주신다는 사실은 이해하기 어려울 수 있습니다. 우리는 보통 '하느님은 나를 벌하실 거야.'라고 생각하기 때문이지요. 그러면서 하느님이 이렇게 말씀하실 거라고 생각합니다. "다시는 널 보고 싶지 않으니 내 눈앞에 나타나지 마라!"

그러나 하느님은 그렇게 말씀하지 않으십니다. 우리가 하느님께 돌아올 때 그분은 무척 행복해하십니다. 그분은 우리를 위해 잔치를 벌이시고 가장 좋은 옷을 가져다 입히시지요.

> "나는 죄가 많은데……."
> 하고 주저하지 마십시오.
> 예수님은 그것을 다 알고 계십니다.
> 예수님은 죄 있는 사람을 그 죄에서 구해 주시려고 오셨습니다.
>
> 김수환 추기경

그렇다면 **고해성사**란 무엇일까요?

+ 고해성사는 우리가 자신의 삶을 **정기적으로 업데이트**하는 것과 같습니다.

컴퓨터는 보안 프로그램을 정기적으로 업데이트하지 않으면, 바이러스에 무방비 상태로 노출됩니다. 그러면 그 컴퓨터에 저장된 자료들은 바이러스의 공격으로 언제든 피해를 입을 수 있습니다.

+ 고해성사는 **자동차를 정비**하는 것과 같습니다.

자동차는 적어도 3만 km를 주행할 때마다 정비를 받아야 합니다. 그렇지 않으면 엔진이나 다른 부품이 고장 나 사고로 이어질 수 있기 때문입니다.

교회의 가르침에 따르면, 모든 신자는 적어도 1년에 한 번, 특히 주님 부활 대축일을 앞두고 고해성사를 보아야 합니다.

+ 고해성사는 등산하고 나서
샤워를 하는 것과 같습니다.

등산을 하고 집에 돌아오면 몸은 온통 녹초가 됩니다. 땀과 먼지가 뒤범벅되어 지저분하고 냄새도 나기 때문에 그 상태로는 다른 곳에 갈 생각도 할 수 없습니다.

그러나 샤워를 하면 몸이 깨끗해지며 다시 활기를 되찾게 됩니다. 옷도 깨끗한 것으로 갈아입으니, 기분도 한결 좋아집니다.

+ 고해성사는

역주행하다가
방향을 올바로 바꾸는 것과 같습니다.

   죄를 짓는 것은 시속 160km로 역주행하여 운전하는 것과 같습니다. 사고를 피하려면 방법은 단 한 가지밖에 없습니다. 바로 운전대를 돌려서 올바른 방향으로 가는 것입니다.

**여러분은 고해성사를
무엇에 비유할 수 있다고 생각하나요?**

2. 고해성사, 어렵지 않아요!

고해성사와 가까워지기

그래도 멀게만 느껴지는 고해성사

여러분은 고해성사가 우리에게 얼마나 좋은 것인지 교리를 통해 익히 알고 있을 것입니다. 또한 본당 신부님에게도 자주 들었겠지요. 그럼에도 불구하고 많은 사람들이 고해성사를 멀리합니다. 고해성사가 좋다는 것을 알면서도 멀리하게 되는 이유는 무엇일까요?

리셋!

저는 고해성사를 하느님이 우리에게 "너는 죄를 지었지만 진심으로 뉘우치고 있다. 그런 너를 내가 사랑하니 나는 너의 죄를 용서하겠다."라고 말씀하시는 것이라고 생각합니다. 그것은 마치 우리의 죄가 적힌 종이를 찢는 것과 같고, 컴퓨터의 리셋 버튼을 누르고 재부팅을 하는 것과 같습니다. 이를 통해 우리는 다시 시작하도록 기회를 얻게 되는 것이지요.

하느님께서 주님을 다시 일으키셨으니, 우리도 당신의 힘으로 다시 일으키실 것입니다.
→ 1코린 6,14

그러나 이러한 경험을 해 보지 못한 사람들은 다시 시작할 수 있는 기회와 마주하는 것을 어려워하기도 합니다. 이제까지 중요한 상황에서 실수했을 때 몇 번이고 다시 시작하도록 기회를 주는, 이토록 너그러운 사람을 만난 적이 없었을 테니까요. 제가 만났던 한 청년의 이야기를 들어 볼까요?

 → 314
우리는 하느님이 자비로운 분이심을 어떻게 알 수 있나요?

경험해 보지 못한 데에서 오는 두려움

저는 스무 살 때 친구를 따라 성당에 갔다가 성당을 다니게 되었고, 곧 세례를 받았습니다. 세례를 받고 나서 성체를 모시니 교회의 일원이 된 것 같아 정말 기뻤습니다. 하지만 왠지 모르게 고해성사는 하기 싫었습니다. 마치 취조를 받는 느낌이 들었거든요.

언젠가는 고해소 앞에서 제 차례를 기다리면서 고해할 죄를 생각하고 있으려니, 저의 죄들이 무거운 짐처럼 느껴지면서 갑자기 큰 죄책감이 느껴졌습니다. 그저 이 시간이

빨리 지나가기만을 바라는 마음에 고해소에 들어가서도 제대로 고해하지 못했고, 그러고 나니 고해소를 나와서도 찝찝한 기분만 들었습니다. 그 뒤로는 고해성사가 죄책감만 더한다는 생각이 들어 고해성사를 멀리하게 되었습니다.

 → 312
인간은 죄를 지었다는 것을 어떻게 깨닫나요?

제가 만났던 이 청년은 고해성사가 자기의 죄를 캐내서 심판하려는 것이 아님을 잘 알고 있었습니다. 그런데도 자신이 죄를 지었다는 사실을 너무 크게 받아들인 나머지, 자신의 죄를 고백하는 것에 어려움을 겪고 있었습니다.

→ 68
아담과 하와가 지은 원죄는 우리와 어떤 관계가 있나요?

그러나 아담과 하와가 죄를 지은 이후부터 모든 인간은 끊임없이 죄를 짓고 있습니다. 그럼에도 저를 포함한 많은 사람들이 고해성사를 봅니다. 그 많은 사람들이 고해성사를 보는 이유는 죄를 짓고도 염치가 없어서가 아니라, 우리가 지은 죄보다 더 크신 하느님의 사랑을 바라보기 때문입니다.

그렇기에 우리는 고해성사를 볼 때 고해성사가 단순히 죄를 고백하는 것이 아니라, 하느님의 사랑을 확인하는 것임을 항상 기억해야 합니다. 그럴 때 비로소 따뜻하고 포근한 고해성사를 경험할 수 있을 것입니다.

서로가 더 가까이!

얼마 전에 주님 부활 대축일을 앞두고 고해성사를 보기 위해 고해소 앞에 줄을 섰습니다. 시기가 시기인 만큼 고해소 앞에는 줄이 길게 늘어서 있었습니다. 그런데 오랫동안 기다려도 고해소에 들어간 사람이 나오지 않는 것입니다. 미사 시간이 다가오자, 고해성사를 못 보고 가면 다시 고해성사를 보러 와야 한다는 생각 때문에 점점 짜증이 나기 시작했습니다.

마침내 고해소에서 사람이 나오자 저는 속으로 '무슨 얘기를 했길래 이렇게 오래 걸린 거야.' 하며 노려보았습니다. 그러나 저는 그 사람의 얼굴을 보고 깜짝 놀라고 말았습니다. 그 사람이 펑펑 울고 있었기 때문입니다. 게다가 저를 더 놀라게 한 것은 분명 울고 있었지만, 얼굴에는 환한 기운이 가득했다는 점입니다.

저는 지금까지 정기적으로 고해성사를 봐 왔습니다. 그러나 꼬박꼬박 보면서도 그런 경험은 해 본 적이 없기에 그 사람이 잘 이해되지는 않았습니다. 제가 이상한 건가요?

저는 고해성사가 형식적으로 느껴진다는 신자들을 만날 때마다 제가 고등학교 때 겪은 경험이 떠오릅니다.

저는 원래 살던 지역이 아닌 다른 지역에서 고등학교를 다녔습니다. 그래서 아는 친구가 하나도 없었습니다. 그러다가 배정받은 반에서 한 친구를 만났는데, 저는 그 친구가 왠지 마음에 들었습니다. 그래서 그 친구와 더 친해지려고 맛있는 것도 나눠 먹고 함께 운동도 하며 친하게 지냈습니다. 그렇지만 전보다 조금 더 가까워졌다는 느낌만 들 뿐 절친한 사이라는 느낌은 들지 않았습니다.

그러던 어느 날, 실수로 책상 위에 놓인 그 친구의 시디플레이어를 떨어뜨렸는데, 그만 그것이 고장 나 버렸습니다. 저는 이 일로 인해 그 친구와 멀어지게

> 가장 불편한 일은 자기 마음을 살피는 일입니다.
>
> 카를 라너

될까 봐 두려웠지만, 솔직하게 저의 잘못을 털어놓았습니다. 그런데 제 이야기를 들은 친구는 별일 아니라며 오히려 저의 마음을 풀어 주었습니다.

그 일이 있은 후로 어쩐지 그 친구와 더욱 돈독해졌고, 그 친구도 예전보다 우리가 더 친해진 것 같다며 환하게 웃어 보였습니다.

아마도 고해성사의 참된 의미란 이런 것이 아닐까요? 그저 단순히 죄를 고백하고 용서받는 것에서 그치는 것이 아니라, 자신의 마음을 털어놓고 하느님과 더 가까워지는 것 말이지요.

많은 사람들이 고해성사에 관해 주로 기억하는 것은 형식이나 절차에 관련된 것입니다. 예를 들어 고해성사를 보지 않으면 어떻게 된다거나 고해성사는 이렇게 봐야 한다 같은 것들이지요. 다른 성사(세례·견진·성품성사)에 관해서는 오랫동안 교리를 배우거나 긴 준비 기간을 거치면서 자연스럽게 그 중요성을 느끼게 되지만, 고해성사는 성사의 의미와 중요성을 깨닫기 어려울 수 있습니다. 또한 꼭 해야만 한다는 의무감에 빠지기도 쉽습니다. 하지만 고해성사의 의미와 하느님의 사랑과 자비에 관해 조금만 주의를 기울여 생각해 보면, 고해성사가 새롭게 다가올 것입니다.

여러분이 고해성사에 관해 다시 생각해 볼 시간을 갖기를 바랍니다. 특히 고해성사에 대해 너무 큰 부담감을 가지지는 않았는지, 또는 의무감으로 대하지는 않았는지 돌아보기를 권합니다. 그러한 시간을 거치면 고해성사의 참된 의미를 깨닫는 데 도움이 될 것입니다. 또한 신앙의 새로운 기쁨도 느낄 것입니다.

다시 한 번 말하지만, 늘 기억해 두세요.
고해성사에서 제일 중요한 것은
죄가 아니라 사랑이라는 것을요.

❗ 여러분의 마음을 무겁게 하는 일이 무엇인지 정확히 알고 싶지 않나요?
● '양심 성찰'에 관해 이야기하는 다음 장을 주의 깊게 읽어 봅시다.

3.
죄가 아니라 사랑이에요!
고해성사 준비하기

새로운 양심 성찰 목록

 양심 성찰 목록은 고해성사를 보기 전에 자신의 행동을 돌아볼 때 큰 도움이 됩니다.
 가장 훌륭한 양심 성찰 목록은 '십계명'과, 하느님과 이웃을 자신처럼 사랑하라는 '사랑의 이중 계명'입니다. 그 계명들은 이 책의 맨 뒤에도 실려 있습니다.

 여기에서는 '양심 성찰 목록'을 사랑에 속하는 행동과 사랑에 속하지 않는 행동 목록으로 나누어 실었습니다. 여러분은 이러한 목록을 저마다 자신에게 맞게 작성할 수 있습니다. 또한 여러 가지 상황에 따라 오늘은 사랑에 속한다고 여긴 행동이 내일은 사랑에 어긋나는 행동이라고 여길 수도 있습니다. 똑같은 행동이라도 그 안에 사랑이 있는지가 중요하기 때문입니다.
 따라서 이 목록의 핵심은 '사랑'입니다. 사랑은 어제도 오늘도 한결같이 성찰의 기준이었고, 내일도 기준이 될 것입니다. 사랑이 없으면 개인의 삶도 가정도 국가도 모두 무너지고 맙니다. 그러나 사랑을 실천하는 사람은 사랑 그 자체이신 하느님께 나아가는 길을 걷는 것입니다.

또한 사랑에 속하는 행동과 사랑에 속하지 않는 행동 목록은 죄만 열거하는 양심 성찰 목록이 아닙니다. '사랑에 속하는 행동'에는 실제로 행동하기를 권하는 사항들이 나와 있습니다. 사랑을 실천하고 열심히 선善을 추구하며 선행을 더 많이 베풀기 위해 노력하는 것이, 그저 잘못을 피하기 위해 '죄 목록'에 집착하는 것보다 훨씬 낫습니다.

만약 그동안 지나친 죄의식으로 인해 고해성사를 두려워했거나 어려워했다면, 또한 고해성사를 의무적으로 봤다면 이 새로운 양심 성찰 목록을 통해 고해성사의 참된 의미를 알게 될 것입니다.

사랑 하느님을 사랑하는 행동일까?

속하는 행동

하느님을 최우선 순위로 두고 살아간다.
그리스도교를 믿고 신앙을 고백한다.
십자가나 성화 등 신앙을 나타내는 성물을 집에 둔다.
잠에서 깨어날 때와 잠들 때 하느님을 생각한다.
주일 미사에 빠짐없이 참례한다.
하느님을 모독하는 사람에게 맞서 하느님을 변호한다.
하느님이 자신의 삶에 항상 함께해 주시기를 청한다.
성경과 교회 안에서 하느님과 그분의 뜻을 찾는다.
신앙에 관해 끊임없이 공부한다.
매일 자신의 행동을 성찰하고, 정기적으로 고해성사를 본다.

속하지 않는 행동

하느님과의 관계를 멀리한다.
자기 자신을 가장 중요하게 여긴다.
하느님보다 사람이나 사물을 더 사랑한다.
휴가 때 하느님과의 관계를 중단한다.
굿을 하거나 점을 보는 등 미신을 믿는다.
즐거움만 좇느라 하느님을 위한 시간을 마련하지 않는다.
그리스도교를 믿는 것을 부끄러워한다.
하느님을 모독하고 시험한다.
교회에 대한 편견을 비판 없이 받아들이고 다른 이에게 전한다.
하느님 앞에서 자신이 다른 사람들보다 잘났다고, 또는 더 못났다고 생각한다.

사회를 사랑하는 행동일까?

속하는 행동

자신의 삶을 기뻐한다.

노래와 춤, 운동을 즐기며, 음악을 감상하거나 직접 연주한다.

다른 이들을 위한 일을 한다.

자연을 사랑한다.

음식이나 물건을 아끼고 소중히 여긴다.

삶의 즐거움뿐만 아니라 고통에 대해서도 하느님께 감사드린다.

정치와 사회 문제를 해결하려고 나름대로 노력한다.

맛있는 음식을 만들어 다른 이들과 함께 나눈다.

쾌적한 생활 환경을 만들기 위해 노력한다.

약자의 어려움에 관심을 기울이고 그들을 돕는다.

속하지 않는 행동

눈앞의 즐거움만 좇는다.

자신의 이익만을 추구한다.

동물을 학대한다.

일회용품을 자주 사용하고, 쓰레기를 아무 데나 버린다.

세상일에 관심을 두지 않고, 이를 위한 별다른 활동도 하지 않는다.

탐욕을 피하기 위한 노력을 하지 않는다.

다른 사람의 재산이나 노동력을 착취한다.

자신의 재능을 숨기거나 낭비한다.

불평과 비난을 일삼고 비관적인 태도를 지닌다.

약자의 어려움을 알게 되어도 외면한다.

사랑 이웃을 사랑하는 행동일까?

속하는 행동

다른 사람에게 감사의 마음을 표현한다.

다른 사람에게 기쁨을 주고, 다른 사람과의 신의를 지킨다.

다른 사람을 위해 기도한다.

언제든지 연락해서 마음을 털어놓을 수 있는 좋은 친구가 되어 준다.

다른 사람의 잘못을 용서해 주고, 자신의 잘못은 상대방에게 용서를 구한다.

성가시게 구는 사람에게 인내심을 발휘한다.

품위 있게 행동하고 고결한 이상을 추구한다.

의롭지 못한 일에 대해 의롭지 못하다고 말한다.

다른 사람들과 함께 기뻐하고, 소외된 이들을 돌본다.

다른 사람에게 상처를 주지 않고, 상대방을 존중하며, 성실하게 대한다.

속하지 않는 행동

남을 욕하고 비방하며 나무란다.

다른 사람을 무시한다.

다른 사람을 시샘한다.

다른 사람의 비밀을 소문낸다.

다른 사람의 물건을 훔친다.

남을 속이거나 사실을 왜곡한다.

자신의 이익을 위해 다른 사람을 조종하고 이용한다.

잘못된 행동을 하는 친구를 말리지 않는다.

거짓으로 약속을 한다.

다른 사람과 화해하지 않고, 자신의 잘못을 돌아보지 않는다.

다른 사람의 낙태를 반대하지 않거나, 낙태하도록 도와준다.

> **자신을 사랑하는 행동일까?**

속하는 행동

자신의 양심을 따른다.

화를 내지 않으려고 노력한다.

신앙을 키워 가고, 하느님과 참된 관계를 맺는다.

자신을 계발하고 개선하기 위해 꾸준히 노력한다.

맑은 공기를 마시거나 운동을 하면서 자기 몸을 충실히 돌본다.

자신의 실수에 대해 웃을 줄 알고, 자신을 과대평가하지 않는다.

일용할 음식에 감사하며 맛있게 식사한다.

자기 자신을 받아들이고 긍정적으로 생각한다.

중요한 일과 중요하지 않은 일을 구별한다.

혼전 순결을 지킨다.

속하지 않는 행동

양심의 소리를 따르지 않는다.

몸이 보내는 건강 이상 신호를 무시하고 병원에 가지 않는다.

무절제한 음주와 흡연을 즐긴다.

자신의 몸을 지나치게 돌본다.

다른 무엇보다 자신의 출세를 가장 중요한 것으로 여긴다.

자신의 나쁜 습관을 알면서도 버리지 못한다.

경솔하게 자기 목숨을 내걸고 모험을 감행한다.

중독과 의존성을 대수롭지 않게 여긴다.

다른 사람의 동정을 구걸한다.

자기 몸을 지나치게 혹사시킨다.

음란물을 보고 자위행위를 한다.

4.
이젠 고해성사 볼 거예요!
고해성사로 새로워지기

고해성사를 보려면 먼저

통회 해야 합니다.

우리는 자신이 저지른 잘못에 대해 진정으로 마음 아파해야 합니다. 이런저런 행동들이 죄에 해당한다고 어디선가 읽은 기억이 있어서, 그저 그 기억에 따라 죄를 지었다고 입으로만 웅얼거리며 고백한다면 고해성사를 바르게 보는 것이라 할 수 없습니다.

따라서 올바른 고해성사를 위해서는 자신이 그릇된 일을 저질러 다른 이들과 자기 자신을 욕되게 하고 상처를 입혔다는 것, 그리고 하느님을 잊고 그분이 세우신 질서를 어지럽혔다는 것을 먼저 인정해야 합니다.

하느님은 우리에게 올바른 행동의 기준으로 십계명을 주셨고, 이와 더불어 옳고 그름을 판단할 수 있는 양심도 주셨습니다. 만약 우리가 하느님이 주신 계명을 따르지 않는다면, 우리의 양심은 갈피를 잡지 못하게 됩니다.

그럴 때 우리는 "난 내 양심에 따라 행동하고 그에 대만일 우리가 죄 없다고 말한다면, 우리는 자신을 속이는 것이고 우리 안에 진리가 없는 것입니다.
1요한 1,8

한 책임을 질 거야!"라며 자기 자신을 속이지 않도록 주의해야 합니다. 그래서 양심에 따라 행동하기에 앞서 "거짓 증언을 하지 마라."라는 여덟 번째 계명을 기억해야 합니다.

어떤 행위가 죄에 해당하는지 잘 모를 때는 본당 신부님에게 여쭤 보세요. 신부님은 여러분의 양심이 하느님의 계명을 따를 수 있도록 도와줄 것입니다. 이러한 과정이 있어야 올바른 통회를 할 수 있습니다.

**진심으로 죄를 뉘우치면,
같은 죄를 되풀이하지 않겠다는 결심을 자연스레 하게 됩니다.**

이를 **정개** 定改라고 합니다.

우리는 고해 사제에게 고백한 죄를 다시 저지르지 않겠다고 굳게 결심해야 합니다.

물론 이런 생각이 들 수 있습니다.

'말도 안 되는 소리! 난 내가 다시 거짓말하게 되리란 걸 잘 알고 있다고. 거짓말을 하지 않겠다고 장담할 수는 없단 말이야.'

우리의 실상이 그대로 드러난 생각이지요. 사실 거짓말하는 습관이 이미 굳어져 있다면, 그러한 습관에서 금방 벗어나기란 쉽지 않습니다.

> 누구나 죄로 인해 넘어질 수 있습니다. 그러나 그때마다 다시 일어설 생각을 하지 않는다면 용서받을 기회조차 없을 것입니다.
>
> 윈스턴 처칠

그러나 우리가 같은 죄를 되풀이하지 않도록 최선을 다하겠다고 굳게 결심할 때 하느님께서 고해 사제의 직무를 통해 우리에게 용서와 평화를 선물하십니다. 우리는 고해성사를 통해 선善을 행할 수 있는 은총을 받게 됩니다.

그러나 어느 날 또다시 악의 유혹에 넘어갈지도 모릅니다. 그럴 때 다시금 죄를 지었다는 자책감에 빠질 수도 있겠지만, 그렇다고 고해성사를 두려워할 필요는 없습니다. 우리가 같은 죄를

> 만약 우리가 자신의 한계와 죄만 생각한다면, 우리는 곧바로 슬픔에 빠지고 용기를 잃을 것입니다. 그러나 주님을 오롯이 바라본다면, 우리 마음은 희망으로 가득 찰 것입니다.
>
> 요한 바오로 2세 성인 교황

수없이 고백하더라도, 하느님의 자비는 변함없기 때문입니다.

→ 루카 15,11-32

하느님은 잃었던 아들을 언제든 두 팔 벌려 맞이하시고, 그 아들을 위해 잔치를 벌이시는 아버지입니다. 믿기 어려운가요? 그러나 분명한 사실입니다.

그다음으로는
죄를 고백해야 합니다.

자신이 저지른 잘못들과 소홀했던 일들을 마음에 담아 두었다가 정기적으로 돌아보는 양심 성찰도 물론 중요하지만, 그것만으로는 부족합니다.

하느님과 근본적으로 화해하기를 원한다면, 또한 하느님과의 관계가 단절될 정도로 중대한 죄를 범해 그분과의 화해가 꼭 필요한 경우라면 고해 사제를 찾아가 죄를 고백해야 합니다.

예수님은 사도들과 그들의 후계자들에

게 다음과 같은 놀라운 권한을 주셨습니다. "너희가 누구의 죄든지 용서해 주면 그가 용서를 받을 것이고, 그대로 두면 그대로 남아 있을 것이다."

→ 요한 20,23

'죄의 용서'는 오로지 하느님만이 하실 수 있는 일입니다. 하느님은 그 일이 아주 구체적으로 실현되기를 바라셨습니다. 그래서 예수 그리스도는 기적과 같은 그 일을 교회에 맡기셨습니다.

→ 228

죄를 용서하실 수 있는 분은 누구인가요?

우리가 새로운 삶을 시작하고 싶다면, 끊임없이 자신을 책망하는 대신 사제를 찾아가 "저는 이러저러한 죄를 지었습니다. 그 죄를 하느님 앞에서 깊이 뉘우칩니다."라고 말하면 됩니다.

우리가 진심으로 뉘우치는 모습을 보인다면 사제는 우리에게 이렇게 선언할 것입니다. "주님께서 죄를 용서해 주셨습니다."

이와 관련해서 **부록 Ⅱ** '고해성사에 관해 자세히 알고 싶은 이들을 위한 질문'에 나오는 '죄를 용서하는 권한'에 관한 부분(90~91쪽)과 '대죄'에 관한 부분(99~101쪽)을 읽어 보세요.

고해성사의 순서

여러분이 고해성사를 면담식*으로 보지 않고 고해소에서 본다고 가정해 봅시다. 먼저 여러분은 성사를 보기 전에 자신이 지은 죄를 알아내고 그 죄를 진심으로 뉘우치며 다시는 죄를 짓지 않겠다고 결심해야 합니다.

그리고 나서 '고백기도'와 '통회기도'**를 바칩니다. 또한 자신이 지은 죄를 쪽지에 적거나*** 고해성사를 잘 볼 수 있게 해 달라고 기도드려도 좋습니다.****

* 이 책의 부록 I '고해소에서 보는 것이 나을까요, 면담식으로 보는 것이 나을까요?' (84~88쪽)를 읽어 보세요.

** 고해를 보기 전에 '고백기도'(60쪽)와 '통회기도'(61쪽)를 바쳐 보세요.

*** 그와 관련하여 '쪽지에 죄를 메모하기'(52~55쪽)를 읽어 보세요.

**** '고해성사를 도와주는 기도'(56~63쪽)를 참고하세요.

자, 이제 여러분이 고해소에 들어갈 차례가 되면 마음을 차분히 하고 고해소 안으로 들어가면 됩니다.

고해소 안에 들어갔을 때 고해 사제가 여러분에게 인사하면, 여러분은 성호를 그으며 성호경을 소리 내어 바칩니다.

성부와 성자와 성령의 이름으로, 아멘.
그러면 고해 사제가 이렇게 권고할 것입니다.

하느님의 자비와 은총을 굳게 믿으며 그동안 지은 죄를 뉘우치고 사실대로 고백하십시오.

이에 여러분은 아멘. 하고 응답한 후,
고해한 지 (며칠, 몇 주일, 몇 달) 됩니다. 하고 말합니다.

어때요, 아주 쉽지요?
이제 여러분은 자신이 지은 죄를 고백해야 합니다. 자신의 잘못을 스스로 밝히는 시간이지요. 이때에는 자신이 죄를 지은 이유를 해명할 것이 아니라, 그저 자신이 저지른 잘못을 고백해야 합니다. 자신의 죄를 스스로 고백하는 것은 어려운 일입니다. 그렇기 때문에 용기가 필요하지요.

여러분은 하느님의 눈길로 자신의 삶을 바라본다고 생각했을 때 깨닫게 된 잘못들을 말하면 됩니다.
아래의 본질적인 질문 두 가지는 그러한 깨달음을 얻는 데 도움을 줄 것입니다.

"내가 저지른 악惡은 무엇인가?"
"내가 행하지 않은 선善은 무엇인가?"

만약 어떤 죄를 저질렀는지 잘 생각나지 않는다면, 옳은 일이라는 것을 알면서도 실천하기를 소홀히 한 일에는 무엇이 있는지 되돌아보면 도움이 됩니다.

기억나는 죄들을 모두 고백한 후에는 다음과 같은 말로 통회의 마음을 표현합니다.

이 밖에 알아내지 못한 죄도 모두 용서하여 주십시오.

죄를 모두 고백하고 나면, 고해 사제가 여러분에게 질

문을 던지기도 할 것입니다. 고해 사제는 화해의 직무를 수행하며, 여러분이 지은 죄를 스스로 정확히 인식하고 사실대로 고백하도록 도와줄 뿐입니다. 그러니 부담을 갖거나 걱정하지 않아도 됩니다. 다시 한 번 말하지만, 여러분을 심문하려는 것이 아닙니다. 그렇기에 죄의 고백은 어디까지나 여러분의 자유 의지에 따라 이루어져야 합니다.

또한 고해 사제는 여러분에게 여러 가지 조언을 해 줍니다. 그것은 여러분이 특히 주의를 기울여야 할 사항들에 관한 것이지요.

이어서 고해 사제는 여러분에게 보속을 줍니다. 여러분은 고해성사를 보고 난 후에 보속을 행해야 합니다. 대부분의 경우에 사제는 기도를 보속으로 줍니다.

보속은 자신이 회개했으며,
자신의 죄로 하느님의 마음을 상하게 한 일에 대해
보상하려는 의지를 드러내는 징표가 되어야 합니다.

보속은 고해성사를 이루는 필수 요소입니다. 보속에는

여러분의 죄로 다른 사람이 입은 피해에 대해 힘닿는 데까지 보상해 주는 일도 포함됩니다. 만약 여러분이 다른 사람의 물건을 훔쳤다면 익명으로라도 주인에게 되돌려주어야 합니다. 또한 다른 사람을 다치게 했다면 그에게 용서를 구해야 합니다.

그리고 필요한 경우에, 사제는 여러분에게 '통회기도'를 바치게 할 수도 있습니다.

이어서 고해 사제는 여러분의 머리 위에 두 손이나 오른손을 펴 들고 '사죄경'을 외웁니다.

인자하신 천주 성부께서
당신 성자의 죽음과 부활로 세상을 당신과 화해시켜 주시고
죄를 사하시기 위하여 성령을 보내 주셨으니
교회의 직무 수행으로 몸소 이 교우에게 용서와 평화를 주소서.

나도 성부와 + 성자와 성령의 이름으로
(이때 성호경을 긋습니다.)
이 교우의 죄를 사하나이다.

이에 대해 여러분은 아멘. 하고 응답합니다.

그리고 나서 사제가 주님을 찬미합시다. 하면,
여러분은 주님의 자비는 영원합니다. 하고 응답합니다.

끝으로, 고해 사제의 인사가 이어집니다.

주님께서 죄를 용서해 주셨습니다.
평안히 가십시오.

이에 여러분은 감사합니다. 하고 응답합니다.

쪽지에 죄를 메모하기

고해성사를 보기 전에 자신이 지은 죄를 쪽지에 미리 적어 두면, 고해성사를 볼 때 도움이 됩니다.

죄 메모하기의 좋은 점

고해성사를 준비할 때 지은 죄를 반드시 쪽지에 적어야 하는 건 아닙니다. 고해성사를 자주 보는 사람은 더더욱 그럴 필요가 없겠지요. 언젠가 이런 말을 들은 적이 있습니다.

"양심 성찰 목록과 고백할 죄를 적은 쪽지는 다친 사람이 짚고 걷는 목발과도 같다." 아무 데도 기대지 않고서도 잘 걸을 수 있게 된다면 목발이 없어도 상관없겠지요.

만약 여러분이 그러한 수준에 도달했다고 생각한다면 그냥 고해성사를 보면 됩니다. 하지만 아직 메모가 필요하다고 느낀다면 이를 이용하여 예수님과 돈독한 관계를 맺길 바랍니다.

'양심 성찰 목록'을 통해 큰 도움을 받았다는 사람들이 많습니다. 그 목록이 없었다면 고해성사를 보기 전에 물건을 훔쳤거나 남을 속이지 않았다는 사실만 떠올렸을 거라면서요. 물론 그것도 좋은 시작이라고 할 수 있지만, 자신이 저지르지 않은 잘못뿐만 아니라, 하느님과 이웃, 자기 자신을 위해 행해야 했던 일을 소홀히 한 것 또한 구체적으로 되돌아보게 하는 목록이 필요합니다.

> 사랑의 하느님은 당신을 귀찮게 하는 것을 좋아하십니다.
> 요한 마리아 비안네 성인

고백할 죄 메모하기

그래서 고해성사를 보기 전에 '양심 성찰 목록'의 항목별로 자신의 삶을 돌아보고 마치 자동차 검사소에서 점검표의 항목별로 자동차를 점검하듯이, 항목별로 살펴본 자신의 잘못들을 쪽지에 메모하는 것이 좋습니다. 나중에 죄 목

> 바꿀 수 없는 상황을 불평하기보다 불평할 상황을 바꾸십시오.
> 윌리엄 셰익스피어

> 하느님의
> 뜻을 알려면,
> 기도하고 기다리고
> 조언을 듣는 과정이
> 필요합니다.
>
> 요한 보스코 성인

록이 길어진 것을 보고 당혹감을 느낄 수도 있습니다. 때때로 자신의 가장 부끄러운 죄를 목록의 첫 부분에 적어 고해성사 때 제일 먼저 고백하는 사람도 있습니다. 이렇게 하면 수치심으로 인해 죄를 숨기고 싶은 유혹을 극복하는 데 도움이 됩니다.

고해성사 후 죄 목록을 잘게 찢기

바오로 사도가 콜로새 신자들에게 보낸 서간에는 이러한 구절이 있습니다. "(그리스도께서는) 우리에게 불리한 조항들을 담은 우리의 빚 문서를 지워 버리셨습니다."(콜로 2,14 참조)

죄 목록은 다른 사람이 볼 수 있는 곳

은 물론, 개인적인 노트에도 적지 않는 것이 좋습니다. 단지 쪽지에만 적을 뿐이지요.

쪽지에는 이르면 고해성사 전날에 다음 날 고백할 죄들을 미리 기록해 둡니다. 그리고 고해성사를 보고 나면 즉시 잘게 찢어 휴지통에 버리면 됩니다. 바로 그때 여러분과 하느님 사이에 있었던 불편한 관계는 사라집니다.

이것으로 우리는 바오로 사도가 콜로새 신자들에게 보낸 서간의 말씀처럼 우리에게 불리한 조항이 담긴 빚 문서를 지워 버리는 경험을 하게 됩니다.

> 하느님은 모든 것을 하실 수 있지만, 저는 아무것도 할 수 없습니다. 그러나 이 무능함을 기도와 사랑으로 하느님과 연결하면 모든 것이 가능해집니다.
>
> 마더 데레사 성녀

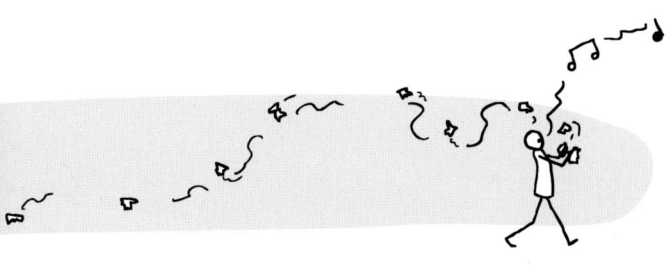

고해성사를 도와주는 기도

   고해성사를 보기 위해 죄를 성찰하려면 자기 자신과 이야기를 많이 나눠야 한다고 생각하는 사람이 많은데, 그것은 잘못된 생각입니다.

   그보다는 십자가나 성상 앞에 촛불을 켜고 그것들을 바라보며 하느님과 이야기를 나누는 것이 더 중요합니다. 우리는 하느님과 대화할 때 자기 자신에 관해 아주 많은 것을 깨닫게 됩니다.

   그래서 고해성사를 잘 준비하려면 기도가 꼭 필요합니다. 물론 각자 자유롭게 기도를 바칠 수도 있지만, 아래의 기도들은 여러분이 고해성사를 준비하는 데 도움이 될 것입니다.

용기를 청하는 기도

자신을 속죄 제물로 바치신 예수님,
저는 주님께서 저의 죄 때문에
십자가에 매달리신 것을 압니다.
그러나 저는 여전히 죄를 짓고 있습니다.
그런 저의 죄가 너무 무겁게 느껴져
십자가 앞에 가는 것조차 꺼려질 때가 있습니다.
죄의 유혹은 크게 다가오지만,
저는 너무나 약하고, 믿음도 굳세지 못합니다.

이런 저의 모습에도 저를 사랑하시고
언제나 용서해 주시는 주님께 청하오니
제가 당신께 실망을 안겨 드렸다고 해서
낙담하지 않도록 도와주소서.
저의 모습 그대로
주님 앞에 나아갈 수 있는 용기를 주시고,
당신께서 언제나 제 곁에 함께하심을 기억하게 하소서.
그리하여 주님의 마음에 드는 삶을 살도록 도와주소서.

베른하르트 모이저

이끄심을 청하는 기도

저의 주님, 저의 하느님,
당신께 다가가는 것을 가로막는 모든 장애물을
저에게서 치워 주소서.

저의 주님, 저의 하느님,
당신께로 이끄는 모든 것을
저에게 허락하소서.

저의 주님, 저의 하느님,
저에게서 저를 취하시어
온전히 당신 것으로 삼으소서.

니콜라오 데 플뤼에 성인

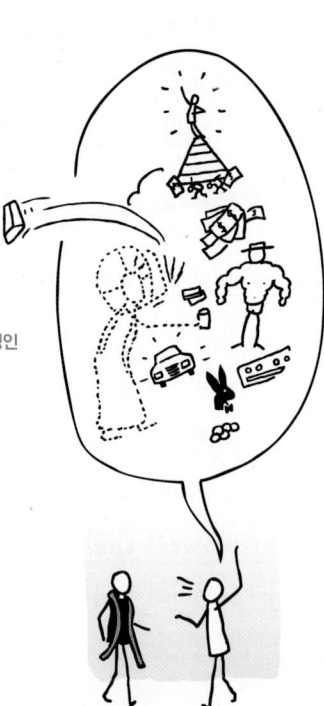

죄를 깨닫는 은총을 청하는 기도

저의 스승이신 주님,
저는 날마다 당신이 필요합니다.
오로지 당신의 영靈만을 느끼는
깨끗한 양심을 저에게 주소서.

저는 귀가 멀어
당신의 목소리도 듣지 못하고,
눈이 어두워
당신의 표징도 알아보지 못합니다.

당신만이 저의 귀와 눈을 밝게 하시고
저의 마음을 깨끗하게 하십니다.

당신 발치에 앉아
당신 말씀을 듣는 법을
저에게 가르쳐 주소서.

존 헨리 뉴먼 성인

고백기도

전능하신 하느님과 형제들에게 고백하오니
생각과 말과 행위로 죄를 많이 지었으며
자주 의무를 소홀히 하였나이다.
(가슴을 치며) 제 탓이요
(가슴을 치며) 제 탓이요
(가슴을 치며) 저의 큰 탓이옵니다.
그러므로 간절히 바라오니
평생 동정이신 성모 마리아와
모든 천사와 성인과 형제들은
저를 위하여 하느님께 빌어주소서.

전능하신 하느님, 저희에게 자비를 베푸시어
죄를 용서하시고
영원한 생명으로 이끌어 주소서.
아멘.

통회기도

하느님,
제가 죄를 지어
참으로 사랑받으셔야 할 하느님의 마음을 아프게 하였기에
악을 저지르고 선을 멀리한 모든 잘못을
진심으로 뉘우치나이다.
하느님의 은총으로 속죄하고
다시는 죄를 짓지 않으며
죄지을 기회를 피하기로 굳게 다짐하오니
우리 구세주 예수 그리스도의 수난 공로를 보시고
저에게 자비를 베풀어 주소서.
아멘.

통회를 위한 기도 I

주님,
당신 마음 깊이 저를 감싸 주소서.
제 자신이 완전히 없어질 때까지
당신 마음 깊이 저를 안아 주시고,
제 마음을 맑게 해 주시며,
제 죄를 씻어 주소서.
제 마음이 불타게 하시며,
저를 높이 들어 올리소서.

테야르 드 샤르댕

통회를 위한 기도 Ⅱ

오 자비하신 하느님,
당신께서 보여 주신 수많은 친절과 놀라운 사랑에 대해
감사할 줄 모르는 제가 마련한 답례를 보소서.
당신의 종인 제가 저지른 잘못들과
실천하지 못한 선행들을!
가장 친절한 구속자이신 당신의 고귀하신 피로
이 잘못과 오점들을 씻어 주시고,
당신의 은혜로 저의 가난을 채워 주소서.
저는 저의 전부를 당신께 드리며,
당신께서 은총으로 주신 기도와 함께
제가 가진 모든 것을 당신께 봉헌하나이다.
저는 당신의 거룩하신 돌보심 안에서
제가 사고하는 모든 능력과 육체의 활력을
당신을 위해 봉헌하고
쓰일 수 있기를 바라며,
당신만을 영원히 찬미하나이다.

베드로 카니시우스 성인

잠깐!
가장 중요한 것은 사랑입니다!

그리스도교 신자 가운데는 자신의 죄를 찾는 일에만 지나치게 몰두하는 사람들이 많습니다. 그들의 신앙생활과 기도는 오로지 자신이 지었을 법한 죄를 찾아내는 일에 집중되어 있습니다. 또 그들은 하느님 앞에서 자신을 최대한 하찮은 존재로 낮춰야 그분이 자신을 사랑하실 거라고 믿습니다.

그러한 그들의 삶은 거품이 일지 않는 비누와도 같습니다. 그들은 실수할까 봐 두려워 아무 일도 하지 않지요. 하느님의 위대하심을 찬미하기보다 줄곧 자신의 약점에 대해서만 생각합니다. 그리고 하느님께 자신이 얼마나 많은 죄를 지었는지 끊임없이 토로합니다.

그들은 '세심증 환자'입니다. 고해 사제로 유명했던 요한 마리아 비안네 성인은 종종 이런 사람들을 상대해야 했습니다. 수십 년간 수많은 사람들에게 고해성사를 주

요한 마리아 비안네 성인

었던 성인은 이러한 말을 남겼습니다. "괜한 자책이나 같은 이야기를 수없이 되풀이하는 병적인 세심함은 피해야 합니다. 그러한 행동은 쓸데없이 고해 사제의 시간을 빼앗고 고해소 앞에 사람들이 줄지어 기다리게 하기 때문입니다."

또한 비안네 성인은 이렇게 권고했습니다. "불확실한 죄는 불확실한 대로 고백하고, 확실한 죄는 확실하게 고백하십시오. 여러분은 자기 마음을 꾸밈없이 고백해야 합니다. 여러분이 고해 사제를 속일 수는 있어도 사랑하는 하느님은 결코 속일 수 없습니다. 하느님은 여러분의 죄를 여러분보다 더 잘 아시기 때문입니다."

우리는 끊임없이 양심을 성찰하는 한편, 꾸밈없이 짧고 분명하게 자신의 죄를 고백해야 합니다. 비안네 성인도 짧고 간결하며 정직하게 죄를 고백하는 것을 가장 좋게 여겼습니다.

+ 하느님은 여러분의 죄를 용서하고 잊으십니다.
  그러니 여러분도 잊으십시오!
+ 더 이상 자신의 죄에 집착하지 마십시오.
  그리고 사랑 자체이신 하느님을 바라보십시오!

그리스도인의 표지는 기쁨이어야 합니다.

**하느님은 여러분이 늘 자기 영혼의
어두운 곳만 바라보면서 우울해하는 것을
원하지 않으십니다.**

고해성사, 한 걸음 더!

고해 사제 찾기

잠들기 전 예수님께 기도드리면 예수님이 직접 죄를 용서해 주신다거나, 가장 친한 친구에게 속마음을 털어놓아도 용서받을 수 있게 된다거나, 더 간단하게는 죄를 용서해 주는 자동판매기가 있으면 좋겠다고 생각하는 사람이 많이 있습니다. 그러나 예수님은 죄를 용서하는 권한을 교회에 맡기셨습니다. 예수님이 원칙을 세우신 것이지요.

교구마다 정해진 성당에서 상설 고해소를 운영하고 있습니다. 더 자세한 사항은 각 교구에 문의하세요.

우리는 그런 예수님의 원칙에 따라 다시 새롭게 시작하기 위해 고해 사제를 찾습니다. 아무 때나 신부님에게 고해성사를 청해서는 안 되겠지만, 정말 긴급한 상황이라면 한밤중에도 고해성사를 청할 수 있습니다. 그러나 긴급한 상황이 아니라면 본당마다 정해져 있는 고해성사 시간을 지키는 것이 좋습니

다. 고해성사 시간은 본당의 홈페이지나 주보의 소식란, 본당 관계자 등을 통해 확인할 수 있습니다.

대부분의 성당에서는 미사 시작 20분 전부터 고해성사를 볼 수 있습니다.

정기적인 고해성사

고해성사는 얼마나 자주 봐야 할까요? 이에 관한 교회의 규정은 명확합니다. 중대한 죄를 범한 경우에는 영성체를 하기 전에 반드시 고해성사를 봐야 합니다. 또한 중대한 죄를 범하지 않았더라도 가톨릭 신자라면 적어도 1년에 한 번, 특히 주님 부활 대축일을 앞두고 고해성사를 봐야 합니다. 진심으로 하느님과 함께하는 삶을 원하는 사람이라면 일정한 기간마다 고해성사를 보는 것이 좋습니다.

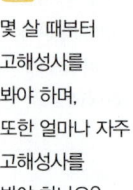
→ 234
몇 살 때부터 고해성사를 봐야 하며, 또한 얼마나 자주 고해성사를 봐야 하나요?

한국 교회에서는 모든 신자가 1년에 두 번, 주님 부활 대축일과 주님 성탄 대축일을 앞두고 의무적 고해성사(판공성사)를 보아야 합니다.

여러 가지 장애물

고해성사를 보지 못하도록 자신을 방해했던 여러 가지 일들을 떠올려 보세

요. 어차피 미사에 늦었는데 다음에 볼까 하는 생각이 들었거나, 잊고 있던 약속이나 해야 할 일이 갑자기 생각나서 고해성사를 보러 가던 발길을 돌렸을 수도 있습니다.

돌이켜 보면 마치 하느님과 화해하는 것을 몹시 못마땅하게 여기는 어떤 존재가 나쁜 영향을 주고 있다는 생각이 들 수도 있습니다. 고해성사를 봐야겠다는 생각을 하면 초조해지거나 진땀

'고해성사를 도와주는 기도' (56~63쪽)를 참고하세요.

> '약속의 땅'에 들어가기 위해서는 홍해와 사막을 건너야 한다는 점을 생각하십시오.
>
> <u>요한 보스코 성인</u>

이 나고, 혈압이 오르거나 갑자기 화장실에 가고 싶은 느낌이 드는 것 등을 그 예로 들 수 있습니다.

고해소에 들어가면 심장이 심하게 쿵쾅거린다는 신자도 때때로 있습니다. 너무 이상하다고 생각하지 마세요! 이 세상 어느 누구보다 위대하시고 커다란 감명을 주시는 분을 만나 뵙는 자리니, 심장이 요동칠 만도 합니다. 그러니 그럴 때는 당장 의사에게 가거나 얼른 고해성사를 보세요!

고해 사제는 예수님의 '귀'

! '고해성사의 순서'(46~51쪽)를 참고하세요.

여러분은 고해소에 들어가서 사제의 인사말이 끝나면, 고해성사를 마지막으로 본 때가 언제였는지 말합니다. 그다음에는 지은 죄를 모두 고백합니다. 고백할 죄들을 쪽지에 적어 왔다면 그 쪽지를 조목조목 읽어도 좋고, 쪽지에 적은 내용을 토대로 보다 자세히 죄를 고

백해도 좋습니다.

그러면 고해 사제는 예수님을 대신하여 여러분의 고백에 귀를 기울일 것입니다. 이때 고해 사제는 예수님의 '귀'가 됩니다. 사실 고해 사제에게는 예수님의 '귀'가 되는 역할이 가장 중요하며, 그 밖의 역할은 모두 부수적이라고 할 수 있습니다. 곧 여러분은 고해 사제에게 고백하는 것이 아니라 예수님께 고백하는 것입니다.

우리는 상상하지도 못할 자비
예수님은 죄를 고백하는 여러분을 잘 알고 계십니다. 그러므로 마음속 깊은 곳에 숨겨 두어 자신조차 거의 잊고 지냈던 부끄러운 죄를 고백하더라도, 그분은 놀라지 않으십니다. 예수님은 우리 영혼의 가장 어두운 구석도 잘 알고 계시기 때문입니다. 그래서 우리가 빛을 받아들일 때 그분은 기뻐하십니다.

 → 232

고해성사 때 고백자가 해야 할 일에는 어떤 것이 있나요?

"

회개한다는 것은 우리와 그리스도, 우리와 그분의 은총 사이에 놓인 장애물을 제거하는 것입니다. 그리고 우리 안에 그분의 생명이 머물게 하는 것입니다. 회개란 바로 새로운 사고방식을 갖는 것입니다.

요한 바오로 2세 성인 교황

> 용서는 단 한 번만 일어나는 일이 아니라 생활에서 늘 일어나야 하는 일입니다.
>
> 마틴 루서 킹

저는 오랫동안, 제가 죄를 지어도 하느님이 저에게 결코 화를 내지 않으신다는 사실을 이해하기 어려웠습니다. 그러나 하느님은 우리가 나약한 피조물이라는 것을 이미 아십니다. 그러니 우리가 하느님의 마음을 풀어 드리기 위해 애처로운 표정을 지을 필요는 없습니다. 하느님은 우리의 죄에 대해 슬퍼하시되, 화를 내지는 않으십니다. 오히려 우리가 진심으로 죄를 뉘우치고 용서를 청할 때 그분은 기뻐하십니다. 그래서 통회하는 마음이 매우 중요합니다. 그런 마음이 없다면 고해성사를 보아도 아무 의미가 없기 때문이지요.

하느님은 인류의 역사를 통틀어 당신께 용서를 구하는 사람을 물리치신 적이 한 번도 없으십니다. 친구가 같은 잘못을 계속 되풀이할 때 우리가 어떤 반응을 보이는지 생각해 보면 그것이 얼마나 어려운 일인지 금방 알 수 있습니다. 처음에 친구가 사과하면 용서해 주겠지만, 얼마 안 가서 또다시 같은 잘못을 저지르고, 또 저지르고……. 이를 계속 반복한다면 어느 순간, 더 이상 참을 수 없을 것입니다.

사라진 빚 문서

우리가 은행에서 돈을 빚졌다고 가정해 봅시다. 하지만 우리는 아무리 노력해도 그 빚을 갚을 수 없는 상황입니다. 그런데도 어느덧 은행에 돈을 갚기로 약속한 날이 되어, 하는 수 없이 차용증을 들고 은행에 갑니다. 은행 직원을 마주하고 한참을 망설이다가, 결국은 도저히 빚을 갚을 능력이 없다고 간신히 말합니다. 그런데 그가 친절한 미소를 띠더니 차용증을 찢어 버립니다. 그러고는 이렇게 말합니다. "걱정하지 않으셔도 됩니다. 어떤 분이 고객님을 대신해서 빚을 모두 갚으셨거든요."

> 하느님은 당신을 사랑하는 사람들의 모든 것을 선으로 바꾸십니다. 때로는 그들의 오류와 잘못까지도 그들에게 유익한 것이 되게 하십니다.
>
> 아우구스티노 성인

우리에게 불리한 조항들을 담은 우리의 빚 문서를 지워 버리시고, 그것을 십자가에 못 박아 우리 가운데에서 없애 버리셨습니다.
콜로 2,14

→ 337
우리는 어떻게 구원되나요?

"누가 당신의 빚을 대신 갚아 주었습니다." 우리의 한계로는 이해하기 어려운 일이지만, 하느님은 우리의 죄를 없애 주실 계획을 이미 2천 년 전에 세우셨습니다. 예수님께서 우리를 대신해 빚을 갚으신 것이지요. 고해성사는 이를 확인하는 순간입니다.

어떤 회사가 프로 축구 팀을 후원한다면 후원사의 사장은 선수들이 입는 유니폼에 회사의 이름을 새기길 원할 것입니다. 이를 통해 회사의 인지도가 높아지는 이익을 얻을 수 있기 때문입니다.

너희의 죄가 진홍빛 같아도 눈같이 희어지고 다홍같이 붉어도 양털같이 되리라.
이사 1,18

그러나 하느님의 사랑은 이와는 전혀 다릅니다. 하느님은 사랑으로 우리의 죄를 대신 갚아 주십니다. 하느님은 자신의 이익 때문이 아니라 그저 우리를 향한 사랑 때문에 우리의 빚을 대신 갚아 주시는 것입니다.

따라서 고해 사제는 하느님의 분부에

따라 죄가 적힌 차용증을 찢어 버리는 은행 직원이라 할 수 있습니다.

이렇게 하느님이 우리를 사랑하시는데도, 죄라는 빚에서 벗어나기 위해 고해 사제를 찾아가 자신의 차용증을 없애려 하기보다는, 이리저리 엉뚱한 곳만 기웃거리다가 이상한 방식을 따르거나, 자칭 '구원에 이르는 길'이라고 주장하는 잘못된 가르침을 따르는 사람이 많으니 참으로 슬픈 일입니다.

> 하느님은 불 속에 있는 자녀를 구하려는 엄마의 마음보다 더 절박한 심정으로, 회개하는 죄인을 용서하고자 하십니다.
>
> 요한 마리아 비안네 성인

> 예수님이 계신 고해소는 세탁소가 아닙니다.
> 그곳에서는 예수님과 만나는 일이 더 중요하지요. 그분은 우리를 기다리시며, 우리를 있는 모습 그대로 받아들이십니다.
>
> 프란치스코 교황

옛날에 하느님을 멀리하며 온갖 못된 짓을 하던 청년이 있었습니다. 그러던 어느 날 그 청년은 신부님을 놀리려고 장난삼아 고해소로 들어갔습니다. 그는 신부님에게 거칠게 살아온 자신의 삶을 이야기했습니다. 그 이야기 끝에, 자신은 지금도 그런 삶을 전혀 뉘우치지 않는다고 비웃듯이 말했습니다. 신부님을 순진하게 여기고 놀렸던 것입니다.

신부님은 당연히 그 청년의 죄를 용서할 수 없었습니다. 하지만 그 대신 그에게 이렇게 말했습니다.

"형제님이 정말 아무렇지도 않다면 성당 지하 무덤에 가서 무덤 앞에 놓인 십자가를 마주해 보세요. 그다음에, 십

4. 이제 고해성사 좀 거예요!

고해성사로 새로워지기

> 우리 삶에서
> 새로운 길로 가는
> 것을 시작할 수 없는
> 때란 없습니다.
>
> 샤를 드 푸코 성인

자가의 예수님을 바라보며 '저는 예수님이 저를 위해 돌아가셨다는 사실에 아무런 관심도 없어요.'라고 열 번만 외쳐 보세요."

그 청년은 이미 자기가 한 말이 있기에 그러겠다고 신부님에게 큰소리치고 갔습니다. 그는 지하 무덤으로 내려가 십자가 앞에서 "저는 예수님이 저를 위해 돌아가셨다는 사실에 아무런 관심도 없어요."라고 크게 외쳤습니다. 그런데 그 말을 서너 차례 반복했을 즈음 청년은 갑자기 울음이 북받쳤습니다. 한참을 바닥에 엎드려 흐느끼며 울던 그는 다시 고해소를 찾아갔습니다. 고해소를 다시 찾은 그 청년은 이번에는 제대로 고해성사를 보았고 죄도 용서받았습니다.

그는 회개한 이후에 하느님의 사랑을 느끼며 그분을 따르는 삶을 살았습니다.

고해 사제는 하느님의 도구에 지나지 않습니다. 그런 까닭에 위의 이야기에 나오는 신부님도 처음에는 청년의 죄를 용서할 수 없었습니다. 그 청년이 진심으로 죄를 뉘우치지 않는다는 점이 분명했으니까요.

참된 통회에는 죄를 피하고 변화된 모습을 보이겠다는 의지가 들어 있습니다. 물론 곧바로 변하여 더 이상 나쁜 짓을 전혀 하지 않기란 쉽지 않습니다. 하지만 변하겠다고 굳게 결심하고 그 결심을 지키려고 노력할 때 하느님이 도와주십니다.

하느님은 당신 호의에 따라 여러분 안에서 활동하시어, 의지를 일으키시고 그것을 실천하게도 하시는 분이십니다.
필리 2,13

자신의 각오를 드러내는 보속

사죄경을 외우기에 앞서 사제는 고백자에게 보속을 주는데, 대부분은 기도를 줍니다.

→ 230

보속이란 무엇인가요?

> 우리가 반드시
> 얻어야 할 구원은
> 하느님의
> 용서입니다.
>
> 김수환 추기경

그런데 많은 사람들이 보속이란 말을 교회가 신자에게 겁을 주기 위해 만들어 낸 끔찍한 벌이라고 오해합니다. 그러나 보속은 '하느님께 드리는 감사와 보상의 표지'입니다. 즉 보속을 통해 자신의 죄로 인한 피해를 보상하겠다는 각오를 하느님께 드러내는 것입니다.

제가 예전에 어느 수도회 신부님에게 고해성사를 봤을 때의 일입니다. 신부

님은 저와 아주 즐겁게 대화를 나누다가 그만 저에게 보속을 주는 것을 잊으셨습니다. 제가 보속을 주지 않으셨다고 말씀드리자, 신부님은 이렇게 대답하셨습니다. "그러면 보속으로 에베레스트 산을 무릎으로 기어서 오르도록 하세요."

물론 농담이었습니다. 다행스럽게도 제가 해야 할 진짜 보속은 기도였지요.

고해성사에서 중요한 것

저는 고해성사를 보면, 죄에서 벗어났다는 생각에 마

📖 → 239
고해성사의 긍정적인 효과는 무엇인가요?

> 고해소를 나올 때 이제까지 그런 기쁨을 맛본 적이 없을 만큼 마음이 가볍고 좋았습니다. 그날 이후 저는 큰 축일 때마다 고해성사를 했고 그런 후에야 비로소 축일다운 날로 느껴졌습니다.
>
> 아기 예수의 데레사 성녀

음이 무척 개운해집니다. 언젠가는 기쁨에 겨워 눈물을 흘린 적도 있습니다. 그러나 때때로 고해성사를 본 후 특별한 느낌이 들지 않았던 적도 있습니다.

저와 비슷한 경험을 한 신자분들이 저에게 이런 경우에도 고해성사를 제대로 본 것이 맞는지 물은 적이 있습니다. 그때 저는 이렇게 대답했습니다.

"고해성사를 잘못 봐서 그런 게 아닙니다. 고해성사에서 중요한 건 용서받은 듯한 느낌이 들었는지가 아니라, 실제로 죄를 용서받았다는 사실입니다. 다만 고해성사를 본 후에 그에 어울리는 느낌을 받을 수 있다면 더 좋겠지요."

넘어져도 괜찮습니다

다시 싸우기 위해 벌떡 일어설 수만 있다면 몇 번이고 넘어져도 상관없습니다. 악과 권투 경기를 하다가 방심하는 바람에 얼굴을 제대로 가리지 않아 한

방 크게 얻어맞았다고 생각해 보세요. 설령 링 바닥에 쓰러졌을지라도 경기가 끝난 것은 아닙니다. 심판이 숫자를 셀 테니까요. 이제부터가 중요합니다. 하느님이 우리를 도우실 테고 우리는 다시 일어설 것입니다. 그러니 다시 싸울 마음이 있고 다시 일어서겠다는 의지만 있다면, 우리는 몇 번이고 넘어져도 괜찮습니다.

우리가 하느님을 믿고 하느님도 우리를 믿으시기에, 우리는 승리할 수 있습니다.

예수님께서 이르셨다.
"나도 너를 단죄하지 않는다. 가거라. 그리고 이제부터 다시는 죄짓지 마라."
요한 8,11

부록 I

고해소에서 보는 것이 나을까요, 면담식으로 보는 것이 나을까요?

베른하르트 모이저

고해소에서 보는 고해성사는 고백자의 익명성이 지켜집니다. 고해소에 있는 사제는 인내심을 갖고 고백자의 말에 귀를 기울이며 그와 대화를 나누는, 이해심 많은 친구이자 조언자라 할 수 있습니다. 그래서 고해소에서는 고백자가 말하는 죄의 고백을 주의 깊게 듣고, 그의 통회를 진지하게 받아들이며, 그에게 죄의 용서를 선언하는 고해 사제의 역할이 분명하게 드러납니다.

이것은 매우 중요한 관점입니다. 다시 말해 우리가 하는 죄의 고백을 듣는 사제가 거룩한 사람인지 아닌지는 그가 우리에게 수행하는 직무에 비춰 볼 때 전혀 중요하지 않습니다. 사제는 자신의 거룩한 모습이나 인간적인 됨됨이를 통해 우리의 죄를 용서하는 것이 아니라 오직 그리스도의 권능만으로 우리의 죄를 용서하는 것입니다.

그러나 고해소에서 보는 고해성사는 형식적으로 진행될 위험성이 있습니다. 고백자가 몇 가지 전형적인 죄만 속사포처럼 빠르게 고백하고 사죄경을 듣자마자 바로 일상으로 돌아가 버릴 수 있기 때문이지요.

고해소의 장점은 고백자의 익명성이 지켜진다는 것이지만, 성사를 고해소에서 보든 면담식으로 보든 상관없이 고해의 비밀은 결코 누설되지 않습니다.

얼마 전 친구가 워싱턴 주교좌성당의 고해소에서 겪은 일을 이야기해 주었습니다. 고해 사제가 다음 고백자를 기다리고 있다는 신호인 녹색등이 켜지자, 친구는 고해소 안으로 들어갔습니다. 고해소 안은 어두워서 나

무 격자 뒤에 앉은 신부님의 얼굴도 보이지 않았지요. 친구는 먼저 자신의 생활 환경에 관해 자세히 말하기 시작했습니다. 결혼한 지 얼마나 되었고, 아이는 몇 명이며, 어떤 직업을 갖고 있고, 현재 하고 있는 업무는 어떤 것인지 등을 말이지요. 그런데 갑자기 고해소 저편에서 낮고 굵은 목소리가 들려왔다고 합니다. "이야기를 늘어놓지 말고, 죄를 고백하세요!"

이처럼 고해성사를 볼 때에는 이야기를 장황하게 늘어놓기보다 죄를 분명하게 고백해야 합니다. 이따금 애매한 사항이 있다면 고해 사제에게 묻는 것도 좋습니다. 하지만 고해소가 하느님에 관해 알려 주는 안내소나 심리

상담소가 아니라, 사제를 통해 하느님을 만나는 곳임을 명심해야 합니다.

면담식 고해성사는 하느님의 사랑과 자비를 구체적으로 체험하는 멋진 기회라 할 수 있습니다. 저도 면담식 고해성사에 관한 특별한 기억을 몇 가지 갖고 있습니다.

저는 종종 떼제공동체를 방문하고는 하는데, 그곳에서는 매주 '빛의 밤Nacht der Lichter'이라는 모임이 열립니다. 모임이 진행되는 동안 사제들은 제각기 아치형 회랑에 서 있고, 참여자들은 사제들을 찾아가 자신의 삶에 관해, 그리고 하느님과 함께하는 삶에 관해 이야기를 나눌 수 있습니다.

사제들이 영대를 걸치고 있으면 참여자들은 그들을 찾아가 대화도 나누고 고해성사도 봅니다. 고해성사를 보기 위해 젊은이들이 줄을 길게 서 있는 경우도 많습니다. 그런 분위기는 소용돌이처럼 다른 사람들을 끌어당깁니다. 누군가가 "자, 너도 하느님과 다시 잘 지내려고 노력해야지!" 하고 속삭이는 것처럼 말이지요. 하느님이 함께 일하시어 사람들의 마음 깊은 곳을 변화시키시기 때문에 그곳에는 평화와 아름다움이 가득합니다.

면담식 고해성사에는 큰 장점이 있습니다. 무엇이 죄인지 애매하게 느껴질 때, 또한 앞으로 어떤 삶을 살아야 하는지 묻고 싶을 때, 이야기를 나누며 충분히 생각할 시간을 마련할 수 있습니다. 또한 하느님처럼 끈기 있게 우리의 이야기에 귀를 기울이고 하느님의 말씀을 토대로 조언하는 사제와 대화한다는 장점도 갖고 있지요.

그러나 면담식 고해성사는 대화 전체가 쓸데없는 잡담이 될 위험성과, 고해 사제를 그저 즐겁게 담소할 수 있는 대화 상대자로 여길 위험성도 있습니다. 고해성사는 거룩한 행위이므로, 일상의 대화를 나눌 때와 같은 자세로 임해서는 안 됩니다.

부록 Ⅱ

고해성사에 관해 자세히 알고 싶은 이들을 위한 질문

독일 쾰른 시와 그 주변 지역에 사는 젊은이들에게는 아주 특별한 고해 사제가 있습니다. 바로 클라우스 디크 주교님(1928년 출생)입니다. 원로 사목자인 주교님은 자신보다 훨씬 어린 젊은이들에게 커다란 신망을 받으며, 그들의 영적인 멘토가 되고 있습니다. 그들은 더 나아가 주교님을 자신의 속마음도 쉽게 털어놓을 수 있는 자애로운 아버지로 여기며 그분을 존경하고 사랑합니다.

이러한 디크 주교님께 고해성사와 관련해 평소 궁금했던 것들을 여쭤 보았습니다.

고해성사를 한마디로 표현하자면 뭐라고 할 수 있을까요?

'부활하신 예수님이 제자들에게 주신 선물'이라고 할 수 있습니다.

죄송하지만, '부활하신 예수님의 선물'이라는 말을 이해하기가 어려운데요?

생각해 보세요. 부활하신 첫날 예수님이 제자들에게 나타나셨을 때 어떤 일이 벌어졌습니까? 예수님은 제자들에게 평화가 있기를 기원하셨고, 그들에게 성령을 주시며 "너희가 누구의 죄든지 용서해 주면 그가 용서를 받을 것이다."(요한 20,23 참조)라는 놀라운 권한을 주셨습니다. 제자들은 '부활하신 예수님

> 우리는 죄의 얼룩을 씻어 낼 수 없습니다.
> 오직 하느님만이 그것을 없애실 수 있습니다.
>
> 프란치스코 교황

의 선물'을 자신들의 후계자인 주교들에게 전해 주었습니다. 예수님의 선물은 주교 서품식을 통해 대대로 전해 내려와 우리 시대에까지 이르게 되었습니다. 주교들은 죄를 용서하는 권한을 자신의 협조자인 사제들에게 위임합니다. 따라서 오늘날 도시에서든 밀림에서든 가톨릭 신자가 고해성사를 본다면, 이는 부활하신 예수님이 주신 선물을 받는 것이라고 할 수 있습니다.

죄를 고백하고 용서받는 일이 '성사聖事'라는 점은 어떤 의미를 지니나요?

고해성사는 가톨릭교회의 일곱 성사(세례·견진·성체·고해·혼인·성품·병자성사) 가운데 하나입니다. '성사'는 예수 그리스도가 세우신 거룩한 표지로, 각 성사가 의미하는 은총은 성사를 집행할 때 그대로 실현됩니다. 따라서 사제가 고백자에게 사죄경을 외우면, 하느님의 능력을 통해 고백자의 죄가 실제로 용서받게 됩니다.

우리는 '세례성사'를 통해 죄를 모두 용서받았지만 살면서 또 죄를 짓습니다. 초대 교회 신자들은 세례를 받으면 다시 죄를 짓지 않는다고 생각했습니다. 하지만 세례를 받은 후에도 죄를 짓자 당혹감을 느꼈습니다. 그러나 우리는 예수님의 말씀처럼 세례 이후에도 죄를 용서받을 수 있다는 사실을 기억해야 합니다.

'고해성사는 교회가 신자들을 통제하려고 만든 제도'라는 말을 들은 적이 있는데요, 이 말에 대해 어떻게 생각하세요?

말도 안 되는 소리입니다. 고해성사는 성경 말씀에 근거를 두고 있습니다. 예수님은 "너희가 누구의 죄든지 용서해 주면 그가 용서를 받을 것이다."(요한 20,23 참조)라고 말씀하셨습니다. 교회는 이 말씀을 통해 우리가 회개의 삶을 살 수 있도록 죄를 용서하는 권한을 갖게 되었습니다.

고해성사는 교회 안에서 어떻게 발전해 왔나요?

초대 교회 신자들은 세례를 받으면 모든 죄에서 해방되고 더 이상 죄를 짓지 않을 거라고 생각했습니다. 그러나 세례 후에도 또다시 죄를 짓게 되자, 세례 후에는 단

한 번만 더 죄를 용서받을 수 있다고 생각했습니다. 얼마 후에는 배교나 살인, 간음 같은 '대죄('죽을 죄'라고 부르기도 함. —역자 주)'를 범한 경우에, 그 죄를 용서받으려면 교회 공동체 앞에서 죄를 고백해야 한다는 생각이 널리 퍼졌습니다. 그로부터 시간이 더 흐른 후에는, 모든 죄는 고해성사를 통해 언제든지 용서받을 수 있다는 인식이 생겨났고, 그에 따라 신자들은 사제를 찾아가 개별적으로 고해성사를 보게 되었습니다. 그렇지만 '죄의 용서'라는 하느님의 선물은, 고해성사가 변천해 온 과정 전체에 걸쳐 본질적으로 동일합니다.

하느님, 나의 제사는
통회의 정신.
하느님은 부서지고
낮추인 마음을
낮추 아니
보시나이다.
**《시편과 아가》,
시편** 51,19

고해의 비밀은 정말 지켜지는 건가요?

네, 물론입니다. 사제라면 누구나 고해성사에서 들은 내용을 발설하기보다는 차라리 죽음을 택하겠다는 마음가짐을 가져야 합니다. 아울러 다른 이에게 죄

→ 238
사제가 고해성사 때 들은 내용을 남에게 이야기할 수 있나요?

를 고백한 사람이 누구인지 미뤄 짐작할 만한 어떠한 암시도 주면 안 됩니다.

저를 잘 아는 신부님에게 고해성사를 봤다면, 나중에 그분을 만날 때 저를 나쁘게 생각하시지 않을까요?

사제는 고백자에게 죄가 별로 없다는 사실에 경탄하거나, 중대한 죄를 고백하는 용기에 놀랄 때도 있지만, 그렇다고 해서 모든 고백자에게 깊은 인상을 받는 것은 아닙니다. 그보다는 자신이 하느님의 용서를 전한다는 사실에 더 큰 감명과 보람을 느낍니다. 때때로 진지하게 고해성사를 보는 사람을 만날 때면 사제도 더 나은 그리스도인이 되어야겠다는 생각을 합니다.

하지만 고해성사 때 알게 된 사실로 인해 사제가 고백자에 대해 다른 생각을 가져서는 안 되며, 고해성사 때 들은 내용을 절대 발설해서도 안 됩니다.

> 인간은 누구나 죄를 짓는 불완전한 존재입니다. 그것을 자각하고 뉘우치는 사람은 영혼의 깊은 곳에서 그리스도를 만날 수 있을 것입니다.
>
> 김수환 추기경

고해 사제가 고백자의 죄를 용서하지 않을 수도 있나요?

고백자가 진심으로 죄를 뉘우치기만 한다면, 사제가 사죄경을 외우는 것을 거부할 수는 없습니다. 물론 사제가 고백자의 통회를 개인적으로 판단해서도 안 됩니다.

마음에 큰 짐이 되는 죄가 있지만, 차마 고백할 용기가 나지 않을 때는 어떤 생각이 도움이 될까요?

우선, 지금 그 죄를 고백하는 것이 낫다는 점을 명심하세요. 죄를 고백한다고 해서 손해 볼 일은 없습니다. 심장이 아파 급하게 약국을 찾았으면서, 정작 심장병 환자라는

> 하느님이 우리를 항상 용서해 주시기에 우리는 모두 새로운 모습으로 변화할 수 있습니다.
>
> 프란치스코 교황

사실을 말할 용기를 내지 못한다면 정말 어리석은 일입니다. 약을 구할 수 있는데도 손에 넣지는 못할 테니까요. 우리는 근본적으로 예수님께 우리의 죄를 고백해야 한다는 점을 늘 되새겨야 합니다. 그렇기에 모든 것을 알고 계시는 예수님 앞에서 죄를 숨기는 것만큼 어리석은 일은 없습니다.

되도록 두루뭉술한 말로 죄를 고백하려는 태도에 대해서는 어떻게 생각하시나요?

> 악의 세력은 선량한 이들의 비겁함으로 살아갑니다.
>
> 요한 보스코 성인

고백자는 자신의 죄를 구체적으로 고백하여 고해 사제가 죄의 무게를 가늠할 수 있도록 해야 합니다. 그렇지 않으면, 고해성사는 마치 로봇이 사죄경을 외워 주는 기계적인 과정이 됩니다.

예를 들어 부모님께 대들었다고 고백할 때 20년 만에 처음 그랬다고 말하는 것과, 지난 15년 동안 줄곧 그랬다고 말하는 것 사이에는 큰 차이가 있습니다.

이처럼 사제가 죄의 무게를 파악할 수 있도록 여러분이 보다 구체적으로 죄를 고백해야 합니다. 하지만 사소한 죄라면 시시콜콜하게 따지느라 애쓸 필요가 없습니다. 고해성사는 세금을 신고하는 일과는 다르기 때문입니다.

 → 396
그리스도인은 분노에 어떻게 대처해야 하나요?

고해성사는 어떻게 보아야 한다고 생각하시나요?

    이에 관한 별도의 규정은 없지만, 가

장 중요한 것은 양심에 비추어 자신의 삶을 돌아보며 '내가 하느님 앞에서 어떤 잘못을 저질렀는가?' 하고 반성하는 것입니다.

그런 다음 진심으로 뉘우치며 변화된 삶을 살겠다고 스스로 다짐하고, 이 뉘우침과 다짐을 실제로 고백합니다. 그렇게 해야 고해 사제도 자신이 고백자의 어떤 죄를 용서하는지 알 수 있게 됩니다.

하느님은 왜 사람들의 죄에 관심을 가지시나요?

하느님은 사랑이시기 때문에 우리의 모든 생각과 말과 행동에 늘 관심을 갖고 계십니다. 우리가 하느님 안에서 행복하기를 바라시는 것이지요. 그런데 죄는 우리를 망가뜨립니다. 그래서 우리가 수시로 죄를 지어 자신을 망가뜨릴 때마다 하느님은 무척 마음 아파하십니다. 그렇기에 죄를 없애 주시려고 하는 것입니다.

따라서 고해 사제는 하느님께 저지른 죄든 다른 사람에게 저지른 죄든 모든 죄가 고백자와 하느님의 관계를 해친다는 점과, 하느님은 고백자와의 관계가 회복되기를 바라신다는 점을 고백자에게 일깨워 주어야 합니다.

하느님은 미처 고백하지 못한 죄도 용서해 주시나요?

하느님은 언제나 아무런 제약 없이 우리의 죄를 용서해 주시기 때문에, 고해성사 때 우리가 깜박 잊고 고백하지 못한 죄들도 용서해 주십니다. 그러나 우리가 어떤 죄를 일부러 고백하지 않는다면(이를 '모고해冒告解'라고 함.—역자 주) 그 죄는 뉘우치지 않은 것입니다. 우리가 뉘우치지 않은 죄는 하느님도 역시 용서하지 않으십니다.

고해성사를 봐야 할 죄에는 어떤 것이 있나요?

일반적으로 죄라고 생각하는 모든 것에 대해 고해성사

 → 233

반드시 고해성사를 봐야 할 죄에는 어떤 것이 있나요?

를 볼 수 있지만, 무엇보다 중요하게 다뤄야 할 것은 하느님과의 관계를 무너뜨린 죄입니다. 하느님과 무너진 관계를 회복하고 다시 성체를 영하기 위해 반드시 고해성사를 봐야 하는 죄에는 이른바 '대죄'가 있습니다.

그 밖의 다른 모든 죄는 '소죄'라고 부르는데, 그러한 죄들도 고해성사를 보는 것이 좋습니다. 그러나 교회에서는 소죄를 반드시 고해성사를 봐야 하는 죄로 규정하지는 않습니다.

앞서 '대죄'에 관해 말씀하셨는데 정확히 어떤 죄를 말씀하시는 건가요?

'대죄'는 뚜렷한 의식 속에서 절대적인 자유 의지를 갖고 중대한 계명을 어김으로써 하느님을 명백히 거부한 죄를 말합니다. 예로부터 배교와 살인, 간음이 이에 해당했습니다. 오늘날에는 근거 없는 말로 남을 헐뜯거나 죽을 위험에 처한 사람을 돕지 않은 행위, 또한 낙태, 인신매매, 절도 등의 행위도 포함됩니다. 무엇보다 완전한 의식을 갖고 행한 것인지가 '대죄'를 판가름하는 중요한 기준입니다.

'대죄'와 '소죄'를 어떻게 구분할 수 있을까요?

이 질문에 관해서는 어떤 초등학생이 한 말이 좋은 답변이 될 것 같습니다. "'대죄'는 하느님을 전혀 사랑하지 않는 것이고, '소죄'는 하느님을 적게 사랑하는 것이에요."

이 말에서 알 수 있듯이, 어떤 죄를 지었든지 하느님을 알면서도 그분을 거부하는 사람은 그릇된 길을 걷고 있는 것입니다.

> "내가 너무 많은 죄를 저질렀으니, 하느님은 나를 용서하지 않으실 거야."라고 말하는 사람들이 있습니다. 그런데 이는 명백히 하느님을 모독하는 말입니다. 하느님의 자비에 한계를 짓는 말이기 때문입니다.
>
> 요한 마리아 비안네 성인

'뭐 어때, 어차피 고해성사를 보면 될 텐데!'라고 생각하는 사람에게는, 고해성사가 일종의 '면죄부'가 되지 않나요?

그렇게 생각하는 사람은 참된 의미의 고해성사를 본 적이 없다고 할 수 있습니다. 자신의 잘못된 행동을 고치겠다는 결심 없이 본 고해성사는 효력이 없습니다. 그런 마음으로 고해성사를 보면서 어떻게 하느님이 자기 죄를 용서하실 거라고 기대할 수 있을까요? 죄를 짓는 순간에 '괜찮아. 다음에 성사를 보면 되니까.'라고 아무렇지도 않게 생각한다면, 그 자체로도 또 하나의 죄를 짓는 것입니다. 그런 행동은 하느님의 자비를 핑계로 의도적으로 짓는 죄입니다.

> 명예는 결코 넘어지지 않는 데 있는 것이 아니라, 늘 다시 일어서는 데 있습니다.
>
> 아우구스티노 성인

고해성사 이후에도 또 죄를 짓게 될 텐데, 왜 고해성사를 봐야 하나요?

정기적으로 고해성사를 보는 사람은 일정한 주기를 정해 놓고 고해성사를 봅니다. 고해소에서 나오면서 '이제부터는 죄를 피하고 잘못된 행동을 고쳐야지.'라고 굳게 결심하더라도, 그 뜻을 확고하게 실천하기는 어렵습니다. 그러나 다시 죄를 지을 것을 알고 있다면, 오히려 그 때문에 더욱 절실한 마음으로 고해성사에 임해야 합니다.

중요한 것은 하느님께서 우리가 새롭게 시작할 수 있도록 주시는 기회를 놓치지 않겠다고 다짐하는 것입니다. 그런 마음을 갖고 잘못된 행동을 고치려고 노력해야만, 비록 열 번 실패하더라도 열한 번째에서는 성공할 수 있습니다.

그렇지만 똑같은 죄를 고백할 때마다 자신에게 실망감을 느끼게 되는 것도 사실이잖아요?

네, 많은 신자들이 그 점에 대해 토로하곤 합니다. 저는 그런 신자들에게 이렇게 말해 줍니다.

"그렇다면 하느님이 지루해하시지 않도록 매번 다른 죄를 지어야 할까요? 오히려 늘 똑같은 죄를 고백하는 것을 다행이라고 생각해야 하지 않을까요? 같은 죄만 고백하게 된다고 실망하여 고해성사를 보지 않는다면, 언젠가 그보다 더 나쁜 죄를 저지르게 될 것입니다."

오늘날에는 결혼할 사람과 잘 맞는지 알아본다는 이유로 혼전 성관계에 찬성하는 젊은이들이 있는데, 그에 대해 어떻게 생각하시나요?

이에 관해 요한 바오로 2세 성인 교황님은 다음과 같은 명쾌한 답변을 주셨습니다. "육체적이고 성적인 관계는 위대하고 아름다운 것입니다. …… 우리는 그저 시험 삼아 살거나 죽을 수 없습니다. 또한 그저 시험 삼아 사랑하거나 누군가를 받아들일 수 없습니다."

그저 호기심에 '시험 삼아' 가진 성관계에 아기가 생겼다고 상상해 보세요. 저는 고해실에서 "저희는 어쩔 수 없이 낙태를 했어요. 아기를 죽였다고요!"라는 고백을 얼마나 자주 들었는지 모릅니다.

그러나 젊은 그들이 만약 아기를 낳더라도 아직은 미성숙한 이들이기 때문에 책임을 지고 함께 살기는 어렵습니다. 마땅히 사랑받아야 하고, 사랑받기 위해 태어난 어린 생명에게는 얼마나 부당한 일인가요!

이런 이유로 교회에서는 성적 결합은 아름다운 일이지만, 그런 결합은 서로가 전적으로 영원히 함께하기를 원할 때에만 이뤄져야 한다고 가르칩니다. 그것이 바로 결혼이지요.

409 자위행위는 사랑을 거스르는 일인가요?

교회는 자위행위를 사악한 일로 매도하지는 않지만, 그 위험성을 가볍게 여기지 말라고 경고합니다. 실제로 청소년과 성인 가운데 많은 이들이 인격적 관계에서 사랑을 찾는  대신 외설적 사진과 영화, 인터넷 동영상에서 욕구를 충족함으로써 고독해질 위험에 처해 있습니다. 고독 때문에 자위행위에 중독되어 막다른 골목으로 내몰릴 수도 있습니다. '성행위를 할 때 난 아무도 필요하지 않아. 성행위는 내가 원할 때 원하는 방식으로 혼자 하면 돼.'라는 생각으로는 누구도 행복해질 수 없습니다.

—《YOUCAT》, 322~323쪽

혼전 성관계를 떨쳐 버리지 못했다면, 고해성사를 볼 수 없나요?

물론 고해성사를 볼 수 있습니다. 하지만 그런 상황에 처해 있음을 고해성사 때 말해야 합니다. 그런 경우에는 "하느님, 저는 이 상황을 벗어나기가 너무나 힘듭니다."

라고 기도드리며, 어떻게 하면 하느님의 뜻에 따라 살아갈 수 있을지 고해 사제와 함께 진지하게 상의해야 합니다. 그럴 때에는 사제의 도움을 받을 수 있습니다.

"무엇이 옳고 그른지 내 양심에 따라 판단할 수 있기 때문에 내게 계명 따위는 필요하지 않아."라고 말하는 사람들도 있는데, 어떻게 생각하시나요?

 그 말대로라면, 이 세상에는 진리도 없고, 옳고 그른 것도 존재하지 않는다고 할 수 있습니다. 각자 자기 양심에 따라 어떤 사람은 이렇게 행동하고 또 다른 사람은 정반대로 행동할 테니까요. 같은 행동에 대해서도 어떤 사제는 칭찬하고 어떤 사제는 비난하게 될 것입니다. 양심은 선과 악을 구별하는 능력이지만, 어디까지나 주어진 규범과 계명을 토대로 구별할 수 있는 것입니

다. 예를 들면, "거짓 증언을 하지 마라."라는 계명은 양심과는 달리 언제 어디서나 지켜져야 합니다.

또한 양심은 주어진 규범을 적용하는 능력이라 할 수 있습니다. 다시 말해, 우리가 거짓말해서는 안 된다는 계명을 알고 있어야 일상에서 이를 실천해야 하는 상황을 만났을 때 행할 수 있습니다.

양심은 우리 마음에 어떻게 작용하나요?

만약 아버지가 자녀에게 물건을 망가뜨릴 수 있으니 집 안에서는 장난치지 말라고 말한 적이 있다고 생각해 봅시다. 그런데 자녀가 그 말을 어기고 집에서 장난을 치다가 도자기를 깨뜨린다면 분명 양심의 가책을 느낄 것입니다. 그러나 자녀가 이전에 아버지에게 그러한 경고를 들은 적이 없다면, 자신이 어떤 잘못을 저질렀는지 알지 못할 것입니다.

이처럼 양심은 자신이 알고 있는 기준을 통해 자신의 행동을 돌아보게 합니다. 다시 말해 양심은 마치 양팔 저울과 같다고 할 수 있습니다. 한쪽에는 규범·계명·성경 말씀·예수님의 말씀이라는 저울추를 올리고 반대쪽에는 자신의 행동을 올려놓는 것입니다. 저울추를 많이

 → 297
우리는 자기 자신의 양심을 올바르게 형성할 수 있나요?

→ 마태 25,40

갖고 있을수록 우리는 자신의 행동이 선한지 악한지 더욱 정확하게 알 수 있습니다.

만약 성경에서 읽은 "너희가 내 형제들인 이 가장 작은 이들 가운데 한 사람에게 해 준 것이 바로 나에게 해 준 것이다."라는 예수님의 말씀을 마음속에 새기고 있다면, 여러분은 더 이상 가난한 사람 곁을 아무렇지 않게 지나칠 수 없을 것입니다. 이처럼 예수님의 말씀

은 자신의 마음을 들여다보게 하는 아주 유용한 저울추입니다.

올바른 양심을 지니려면 어떻게 해야 하나요?
앞서 말한 저울추들을 충분히 마련하고, 수시로 시간을 내서 자신의 행동들을 양심에 비추어 봅니다. 그렇게 함으로써 올바른 양심을 유지할 수 있고, 양심을 거슬러 행동하는 상황들을 피할 수 있습니다.

성체를 영하려면 반드시 먼저 고해성사를 봐야 할 죄들도 있는데, 왜 그렇게 해야 하나요?
성체를 영함으로써 우리는 그리스도와 온전히 하나가 됩니다. 그리스도와 각 신자 사이에 영성체보다 더 긴밀한 일치는 없습니다. 따라서 중대한 죄를 저질러 하느님을 거부한 사람은 성체를 모실 수 없습니다. 그런 경우 성체를 영하는 것은 거짓 행위가 되기 때문입

진실한 마음과 확고한 믿음을 가지고 하느님께 나아갑시다. 우리의 마음은 그리스도의 피가 뿌려져 악에 물든 양심을 벗고 깨끗해졌으며, 우리의 몸은 맑은 물로 말끔히 씻겼습니다.
히브 10,22

니다. 그렇기에 자신의 죄로 인해 하느님과의 관계가 단절되었다고 느끼는 사람은 성체를 영하기 전에 고해성사부터 봐야 합니다.

고해성사를 보면서 신부님께 받은 보속이 저에게는 벌처럼 여겨지기도 합니다. 보속에 대해 어떻게 생각해야 할까요?

> 고해소는 고문실이 아닙니다. 하느님은 매질하기 위해서가 아니라, 따뜻하게 맞이하시려고 우리를 기다리십니다.
>
> 프란치스코 교황

'보속'이란 말은 많은 오해를 불러일으키기 쉽습니다. 사실 하느님이 우리의 죄를 용서해 주셨으면 그것으로 끝이지, 더 이상 우리에게 요구하시는 것은 없습니다.

그렇기 때문에 죄의 용서가 효력을 얻을 수 있도록 우리가 엄청난 보속을 수행해야 하는 것은 아닙니다.

따라서 보속은 자신의 죄로 인해 발생한 손해를 갚고자 하는 마음과, 자신이 지은 죄 때문에 슬퍼하실 예수님께 드리는 위로, 그리고 하느님과 함께 새로운 삶을 시작할 수 있다는 기쁨을 나타내는 것입니다. 그런 까닭에 고해 사제는 하느님께 감사드리라는 의미를 담아, 보속으로 기도를 주는 경우가 많습니다.

사진 제공

안드레아스 쥐스(www.nightfever.org) 6쪽; 대전교구 가톨릭사진가회 9쪽; 실비아 불 14, 17, 69, 77, 106쪽; 한국 천주교 교황방한준비위원회 23쪽; 국중복 31쪽; ⓒ youmagazin 38~39쪽; 임찬양 40, 99쪽; 킬리안 하셀만 75쪽; 페터 크리스토프 뒤렌 80~81쪽; 마르틴 불 86, 97쪽; 알렉산더 폰 렝에르케 89쪽; 김현우 95쪽

십계명

일. 한 분이신 하느님을 흠숭하여라.
이. 하느님의 이름을 함부로 부르지 마라.
삼. 주일을 거룩히 지내라.
사. 부모에게 효도하여라.
오. 사람을 죽이지 마라.
육. 간음하지 마라.
칠. 도둑질을 하지 마라.
팔. 거짓 증언을 하지 마라.
구. 남의 아내를 탐내지 마라.
십. 남의 재물을 탐내지 마라.

→ 349

사랑의 이중 계명

네 마음을 다하고
네 목숨을 다하고
네 정신을 다하여
주 너의 하느님을 사랑해야 한다.
네 이웃을 너 자신처럼 사랑해야 한다.

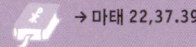 → 마태 22,37.39